大方廣佛華嚴經 寫經

61

🌸 일러두기

1. 『사경본 한글역 대방광불화엄경』은 『독송본 한문·한글역 대방광불화엄경』에 수록된 한글역을 사경하는 데 편의를 도모하기 위해 편집을 달리하여 간행한 것이다.

2. 『독송본 한문·한글역 대방광불화엄경』은 실차난타가 한역(695~699)한 80권 『대방광불화엄경』의 한문 원문과 한글역을 함께 수록한 것이다. 한문 저본은 고종 2년(1865) 월정사에서 인경한 고려대장경 『대방광불화엄경』이다.

3. 한글 번역은 동국역경원에서 발간한 한글 『대방광불화엄경』(운허)을 중심으로 하고 『신화엄경합론』(탄허)과 『대방광불화엄경 강설』(여천무비) 그리고 최근의 여타 번역본 등을 참조하였다.

4. 한글 번역은 독송과 사경을 위하여 정확성과 아울러 가독성을 고려하였다. 극존칭은 부처님과 불경계에 대해서만 사용하였다.

5. 사경본의 차례는 일러두기 → 한글역 본문 → 화엄경 목차 → 간행사이며 80권 『대방광불화엄경』의 권별 목차 순으로 독송본과 함께 간행한다. (법공양판에는 간행사 다음에 간행불사 동참자를 밝혀 두었다.)

사경본 한글역
대방광불화엄경 제61권

39. 입법계품 [2]

수미해주

대방광불화엄경 제61권 변상도

대방광불화엄경
제61권

39. 입법계품 [2]

_____ 은(는)『대방광불화엄경』을
사경하는 인연공덕으로
『화엄경』이 널리 유통되고
우리 모두 다함께 보리 이루기를 발원하옵니다.

대방광불화엄경

제61권

39. 입법계품 [2]

그때에 보현 보살마하살이 일체 보살의 대중모임을 널리 살펴보고 법계와 같은 방편과, 허공계와 같은 방편과, 중생계와 같은 방편과, 삼세와 같고 일체 겁과 같고 일체 중생의 업과 같고 일체 중생의 하고자 함과 같고 일체 중생의 이해와 같고 일체 중생의 근성과 같고 일체 중생의 성숙한 때와 같고 일체 법의 빛그림자와 같은 방편으로, 모든 보살들을 위하여 열 가지 법의 글귀로써 이 사자의 기운 뻗는 삼매를 열어 나타내 보이며 밝게 비추어 연설하였다.

"무엇이 열인가?

이른바 법계와 같은 일체 부처님 세계의 미진 속에서 모든 부처님께서 출현하시는 차례와 모든 세계가 이루어지고 무너지는 차례를 능히 나타내 보이는 법의 글귀를 연설하였다.

　허공계와 같은 일체 부처님 세계에서 미래겁이 다하도록 여래의 공덕을 찬탄하는 음성을 능히 나타내 보이는 법의 글귀를 연설하였다.

　허공계와 같은 일체 부처님 세계에서 여래께서 세상에 출현하시어 한량없고 가없는 바른 깨달음을 이루시는 문을 능히 나타내 보이는 법의 글귀를 연설하였다.

　허공계와 같은 일체 부처님 세계에

서 부처님께서 도량의 보살 대중모임에 앉으셨음을 능히 나타내 보이는 법의 글귀를 연설하였다.

일체 모공에서 생각생각마다 삼세와 같은 일체 부처님의 변화하시는 몸을 나타내어 법계에 가득한 법의 글귀를 연설하였다.

한 몸이 시방의 일체 세계바다에 가득하여 평등하게 나타낼 수 있게 하는 법의 글귀를 연설하였다.

일체 모든 경계 가운데 삼세 모든 부처님의 신통 변화를 널리 나타낼 수 있게 하는 법의 글귀를 연설하였다.

일체 부처님 세계 미진 속에 삼세 일체 부처님 세계 미진수의 부처님의 갖가지 신통 변화를 널리 나타내어 한량없는 겁을 지낼 수 있게 하는 법의 글귀를 연설하였다.

일체 모공이 삼세 일체 모든 부처님의 큰 서원바다의 음성을 내어 미래겁을 다하도록 일체 보살을 열어 교화하고 인도하게 할 수 있는 법의 글귀를 연설하였다.

부처님 사자좌가 양이 법계와 같아서 보살 대중모임과 도량의 장엄이 평등하여 차별이 없어서 미래겁을 다하도록 갖가지 미묘한 법륜을 굴리게 할 수 있는 법의 글귀를 연설하였다.

불자들이여, 이 열 가지가 으뜸이 되어 말할 수 없는 부처님 세계 미진 수의 법의 글귀가 있으니, 모두 여래의 지혜 경계이다."

그때에 보현 보살이 이 뜻을 거듭

펴려고 부처님의 위신력을 받들어 여래를 관찰하며, 대중모임을 관찰하며, 모든 부처님의 생각하기 어려운 경계를 관찰하며, 모든 부처님의 가없는 삼매를 관찰하며, 불가사의한 모든 세계바다를 관찰하며, 불가사의한 환과 같은 법의 지혜를 관찰하며, 불가사의한 삼세 모든 부처님께서 모두 다 평등하심을 관찰하며, 일체 한량없고 가없는 모든 말하는 법을 관찰하고 게송을 설하여 말씀하였다.

낱낱 모공 가운데
미진수의 세계바다에
모두 여래께서 앉으셨는데
다 보살 대중들과 함께하시도다.

낱낱 모공 가운데
한량없는 모든 세계바다에
부처님께서 보리좌에 계시니
이와 같이 법계에 두루하시도다.

낱낱 모공 가운데
일체 세계 티끌 수의 부처님께서

보살 대중들에게 둘러싸여
보현행을 설하시도다.

부처님께서 한 국토에 앉으시어
시방세계에 충만하시니
한량없는 보살구름이
그곳에 다 와서 모이도다.

억 세계 미진수의
보살 공덕바다가
함께 모임 가운데서 일어나
시방세계에 두루 가득하도다.

모두 보현행에 머물러
다 법계바다에 노닐며
일체 세계를 널리 나타내어
평등하게 모든 부처님 회상에 들어가도다.

일체 세계에 편안히 앉아
일체 법을 들으며
낱낱 국토에서
억겁 동안 모든 행을 닦도다.

보살이 닦는 바 행은
법바다를 두루 밝히는 행이라

큰 서원바다에 들어가
부처님 경계의 지위에 머무르도다.

보현행을 밝게 통달하여
모든 부처님의 법을 출생하며
부처님의 공덕바다를 구족하여
신통한 일을 널리 나타내도다.

몸구름이 티끌 수와 같아서
일체 세계에 두루 가득함이라
감로의 법을 널리 비내려
대중들을 부처님 도에 머무르게 하도다.

이때에 세존께서 모든 보살들을 여래의 사자 기운 뻗는 광대한 삼매에 안주하게 하시려는 까닭으로, 미간의 백호상에서 큰 광명을 놓으시었다. 그 광명은 이름이 '삼세 법계의 문을 널리 비춤'이며, 말할 수 없는 부처님 세계 미진수의 광명으로 권속을 삼아 시방의 일체 세계바다의 모든 부처님 국토를 널리 비추었다.

이때에 서다림의 보살 대중들이 모두 보니, 일체 온 법계 허공계의 일체 부처님 세계의 낱낱 미진 가운데 각각 일체 부처님 세계 미진수의 모든 부처님 국토의 갖가지 이름과 갖가지 빛과 갖가지 청정과 갖가지 머무르는 곳과 갖가지 형상이 있었다.

이와 같은 일체 모든 국토 중에 모두 큰 보살들이 있어 도량의 사자좌 위에 앉아서 평등하고 바른 깨달음을 이루니, 보살 대중들이 앞뒤로 둘러싸고 모든 세간 주인들이 공양 올렸다.

혹은 말할 수 없는 부처님 세계와

같은 양의 큰 대중모임 가운데 미묘한 음성을 내어 법계에 가득하여 바른 법륜을 굴리는 것을 보았다.

혹은 하늘 궁전과 용의 궁전과 야차의 궁전과, 건달바와 아수라와 가루라와 긴나라와 마후라가와 사람과 사람 아닌 이들의 모든 궁전 속에 있음을 보았다.

혹은 인간의 시골과 마을과 도시와 수도의 큰 곳에 있어서, 갖가지 성과 갖가지 이름과 갖가지 몸과 갖가지 모양과 갖가지 광명을 나타내며, 갖가지 위의에 머무르고 갖가지 삼매에 들고 갖가지 신통 변화를 나타내었다.

혹 어떤 때에는 스스로 갖가지 말로써 하며, 혹은 갖가지 모든 보살들로 하여금 갖가지 큰 대중모임 가운데 있어서 갖가지 말로 갖가지 법을 설하게 하였다.

이 모임 가운데 보살 대중들이 이와 같은 모든 부처님 여래의 매우 깊은 삼매와 큰 신통력을 보듯이, 이와 같이 온 법계 허공계의 동서남북과

네 간방과 상방과 하방의 일체 방위 바다 가운데서 중생의 마음 생각을 의지하여 머무르면서, 처음 앞 시절부터 지금 현재의 일체 국토의 몸과 일체 중생의 몸과 일체 허공의 길에 이르기까지, 그 가운데 낱낱 털끝만한 곳에 낱낱이 각각 미진수의 세계가 있어 갖가지 업으로 일어나 차례로 머물러서, 모두 도량의 보살 대중 모임이 있었다.

다 또한 이와 같이 부처님의 위신력으로, 삼세를 무너뜨리지 아니하고 세간을 무너뜨리지 아니하여 일체 중생의 마음 속에 그 영상을 나타내며, 일체 중생의 마음에 좋아함을 따라 미묘한 음성을 내며, 일체 대중모임에 널리 들어가서 일체 중생 앞에 널리 나타냄을 보았다.

　색상은 다름이 있으나 지혜는 다름이 없으며, 그 마땅한 바를 따라 부처님 법을 열어 보여 일체 중생을 교화하고 조복하되 일찍이 쉬지 아니하였다.

그 이 부처님의 위신력을 봄이 있는 자들은 다 비로자나여래께서 지난 옛적에 선근으로 거두어 주신 것이다.

혹은 옛적에 일찍이 사섭법으로 거두어 주신 것이며, 혹은 보고 듣고 생각하고 친근하여 성숙시키신 것이며, 혹은 지난 옛적에 그들을 교화하여 아뇩다라삼먁삼보리심을 내게 하신 것이며, 혹은 지난 옛적에 모든 부처님 처소에서 선근을 함께 심은 것이며, 혹은 과거에 일체 지혜와 교묘한 방편으로 교화하여 성숙시키신 것이다.

그러므로 다 여래의 불가사의한 매우 깊은 삼매의 온 법계 허공계의 큰 신통한 힘에 들어갔다.

혹은 법신에 들어가며, 혹은 색신에 들어가며, 혹은 지난 옛적에 성취한 행에 들어갔다.

혹은 원만한 모든 바라밀에 들어가며, 혹은 장엄하고 청정한 행의 바퀴에 들어가며, 혹은 보살의 모든 지위에 들어갔다.

　혹은 정각을 이루는 힘에 들어가며, 혹은 부처님께서 머무르시는 삼매와 차별 없는 큰 신통 변화에 들어가며, 혹은 여래의 힘과 두려움 없는 지혜에 들어가며, 혹은 부처님의 걸림 없는 변재바다에 들어갔다.

　저 모든 보살들이 갖가지 지혜와, 갖가지 도와, 갖가지 문과, 갖가지 들어감과, 갖가지 이치와, 갖가지 수순함과, 갖가지 지혜와, 갖가지 도를 도움과, 갖가지 방편과, 갖가지 삼매로, 이와 같은 등의 열 말할 수 없는 부처님 세계 미진수의 부처님 신통 변화바다의 방편문에 들어갔다.

무엇이 갖가지 삼매인가?

이른바 법계를 널리 장엄하는 삼매와, 일체 삼세의 걸림 없는 경계를 널리 비추는 삼매와, 법계의 차별 없는 지혜 광명 삼매와, 여래의 경계에 들어가 흔들리지 않는 삼매와, 가없는 허공을 널리 비추는 삼매이다.

여래의 힘에 들어가는 삼매와, 부

처님의 두려움 없는 용맹으로 기운 뻗고 장엄하는 삼매와, 일체 법계의 돌고 구르는 창고 삼매와, 달처럼 일체 법계에 널리 나타나서 걸림 없는 음성으로 크게 열어서 연설하는 삼매와, 널리 청정한 법의 광명 삼매이다.

걸림 없는 비단 법왕 당기 삼매와, 낱낱 경계 속에서 일체 모든 부처님 바다를 다 보는 삼매와, 일체 세간에서 몸을 다 나타내는 삼매와, 여래의 차별 없는 몸의 경계에 들어가는 삼매와, 일체 세간을 따라 대비의 창고를 굴리는 삼매이다.

일체 법에 자취가 없음을 아는 삼매와, 일체 법이 끝까지 고요함을 아는 삼매와, 비록 얻을 것은 없으나 능히 변화하여 세간에 널리 나타나는 삼매와, 일체 세계에 널리 들어가는 삼매와, 일체 부처님 세계를 장엄하고 바른 깨달음을 이루는 삼매이다.

일체 세간 주인의 색상이 차별함을 보는 삼매와, 일체 중생의 경계를 보는 데 장애가 없는 삼매와, 능히 일체 여래의 어머니를 출생하는 삼매와, 능히 행을 닦아 일체 부처님바다 공덕의 길에 들어가는 삼매와, 낱낱 경계 가운데 신통 변화를 나타내어 미래제를 다하는 삼매이다.

일체 여래의 본생의 일바다에 들어가는 삼매와, 미래제가 다하도록 일체 여래의 종성을 보호해 지니는 삼매와, 결정한 지혜의 힘으로 현재 시방 일체 부처님의 세계바다가 다 청정하게 하는 삼매와, 한 생각 동안에 일체 부처님의 머무르신 곳을 널리 비추는 삼매와, 일체 경계의 걸림 없는 경계에 들어가는 삼매이다.

일체 세계가 한 부처님의 세계가 되게 하는 삼매와, 일체 부처님의 변화하신 몸을 내는 삼매와, 금강왕 지혜로 일체 모든 근바다를 아는 삼매와, 일체 여래와 동일한 몸임을 아는 삼매와, 일체 법계의 나란히 늘어선 것이 모두 마음 생각의 경계에 머무르는 것임을 아는 삼매이다.

일체 법계의 광대한 국토 가운데

열반을 나타내 보이는 삼매와, 가장 높은 곳에 머무르게 하는 삼매와, 일체 부처님의 세계에서 갖가지 중생의 차별한 몸을 나타내는 삼매와, 일체 부처님의 지혜에 널리 들어가는 삼매와, 일체 법의 성품과 모양을 아는 삼매이다.

한 생각에 삼세의 법을 널리 아는 삼매와, 생각생각 중에 법계의 몸을 널리 나타내는 삼매와, 사자의 용맹한 지혜로 일체 여래께서 출현하시는 차례를 아는 삼매와, 일체 법계의 경계에 지혜 눈이 원만한 삼매와, 용맹하게 십력으로 향하여 나아가는 삼매이다.

일체 공덕의 원만한 광명을 놓아 세간을 널리 비추는 삼매와, 흔들리지 않는 창고 삼매와, 한 법이 일체 법에 널리 들어감을 설하는 삼매와, 한 법을 일체 말로 차별되게 해석하는 삼매와, 일체 부처님의 둘이 없는 법을 연설하는 삼매이다.

삼세의 걸림 없는 경계를 아는 삼매와, 일체 겁이 차별 없음을 아는 삼매와, 십력의 미세한 방편에 들어가는 삼매와, 일체 겁에 일체 보살의 행을 성취하여 끊어지지 않는 삼매와, 시방에 널리 몸을 나타내는 삼매이다.

법계에서 자재하게 바른 깨달음을 이루는 삼매와, 일체 편안한 느낌을 내는 삼매와, 일체 장엄거리를 내어 허공계를 장엄하는 삼매와, 생각생각 중에 중생의 수효와 같은 변화하는 몸구름을 내는 삼매와, 여래의 깨끗한 허공의 달 광명 삼매이다.

일체 여래께서 허공에 머무르심을 항상 보는 삼매와, 일체 부처님의 장엄을 열어 보이는 삼매와, 일체 법과 뜻을 밝게 비추는 등불 삼매와, 십력의 경계를 비추는 삼매이다.

삼세 일체 부처님의 당기 모양 삼매와, 일체 부처님의 한 비밀한 창고 삼매와, 생각생각 중에 짓는 바가 다 끝까지 이르는 삼매와, 다함없는 복덕창고 삼매이다.

가없는 부처님 경계를 보는 삼매와, 일체 법에 굳게 머무르는 삼매와, 일체 여래의 변화를 나타내어 모두 알고 보게 하는 삼매와, 생각생각 중에 부처님 해가 항상 나타나는 삼매이다.

하루 동안에 삼세의 있는 바 법을 모두 아는 삼매와, 두루한 음성으로 일체 법의 성품이 적멸함을 연설하는 삼매와, 일체 부처님의 자재하신 힘을 보는 삼매이다.

법계에 연꽃을 피우는 삼매와, 모든 법이 허공과 같아서 머무르는 곳이 없음을 관하는 삼매와, 시방바다가 한 방소에 널리 들어가는 삼매이다.

일체 법계가 근원이 없음에 들어가는 삼매와, 일체 법바다의 삼매와, 적정한 몸으로 일체 광명을 놓는 삼매이다.

한 생각 동안에 일체 신통과 큰 원을 나타내는 삼매와, 일체 시간 일체 처소에서 바른 깨달음을 이루는 삼매와, 한 장엄으로 일체 법계에 들어가는 삼매이다.

일체 모든 부처님 몸을 널리 나타

내는 삼매와, 일체 중생의 광대하고 수승한 신통 지혜를 아는 삼매와, 한 생각 동안에 그 몸이 법계에 두루하는 삼매이다.

일승의 깨끗한 법계를 나타내는 삼매와, 넓은 문의 법계에 들어가서 큰 장엄을 나타내 보이는 삼매와, 일체 부처님의 법륜을 머물러 지니는 삼매이다.

일체 법문으로 한 법문을 장엄하는 삼매와, 인다라 그물의 원행으로 일체 중생계를 거두어 주는 삼매와, 일체 세계의 문을 분별하는 삼매이다.

연꽃을 타고 자재하게 걸어다니는 삼매와, 일체 중생의 갖가지로 차별한 신통 지혜를 아는 삼매와, 그 몸이 일체 중생 앞에 항상 나타나게 하는 삼매이다.

일체 중생의 차별한 음성과 말바다를 아는 삼매와, 일체 중생의 차별한 지혜 신통을 아는 삼매와, 대비가 평등한 창고 삼매이다.

일체 부처님의 여래 경계에 들어가는 삼매와, 일체 여래의 해탈하신 곳을 관찰하는 사자의 기운 뻗는 삼매이다.

 보살이 이와 같은 등의 말할 수 없는 부처님 세계 미진수의 삼매로 비로자나여래의 생각생각 일체 법계에 가득한 삼매의 신통 변화바다에 들어갔다.

 그 모든 보살들이 모두 다 큰 지혜 신통을 구족하였으니 밝고 예리함이 자재하여 모든 지위에 머무르며, 광대한 지혜로 일체가 모든 지혜의 종

성에서 생겨남을 널리 관하며, 일체지의 지혜가 항상 앞에 나타나 어리석은 가림을 여읜 청정한 지혜 눈을 얻었다.

모든 중생들을 위하여 조어사가 되어 부처님의 평등하심에 머물러 일체 법에 분별이 없으며, 경계를 분명히 통달하여 모든 세간의 성품이 다 적멸하여 의지한 곳이 없음을 알았다.

일체 모든 부처님의 국토에 널리 나아가나 집착한 바가 없으며, 일체 모든 법을 모두 능히 관찰하나 머무른 바가 없으며, 일체 미묘한 법의 궁전에 두루 들어가나 오는 바가 없으며, 일체 세간을 교화하고 조복하여 널리 중생들을 위하여 편안한 곳을 나타내었다.

지혜의 해탈로 그 행할 바를 삼고 항상 지혜의 몸으로 탐욕을 여읜 경계에 머무르며, 모든 존재바다를 벗어나 진실한 경계를 보이며, 지혜의 빛이 원만하여 모든 법을 널리 보며, 삼매에 머물러 견고하여 흔들리지 않으며, 모든 중생들에게 대비를 항상 일으켰다.

모든 법문이 모두 다 환과 같고, 일체 중생이 모두 다 꿈과 같고, 일체 여래가 모두 다 그림자와 같고, 일체 말이 모두 다 메아리와 같고, 일체 모든 법이 모두 다 변화와 같음을 알았다.

수승한 행원을 잘 능히 쌓아 모으며, 지혜가 원만하며, 방편이 청정하여 마음이 지극히 적정하며, 일체 총지의 경계에 잘 들어가며, 삼매의 힘을 구족하여 용맹하고 겁이 없으며, 밝은 지혜의 눈을 얻어 법계의 경계에 머물렀다.

 일체 법이 얻을 것 없는 곳에 이르며, 가없는 지혜의 큰 바다를 닦아 익히며, 지혜바라밀로 구경의 피안에 이르며, 반야바라밀의 거두어 지니는 바가 되며, 신통바라밀로 세간에 널리 들어가며, 삼매바라밀을 의지하여 마음이 자재함을 얻었다.

 뒤바뀌지 않는 지혜로 일체 이치를 알며, 교묘하게 분별하는 지혜로 법장을 열어 보이며, 환하게 아는 지혜로 글과 말을 해석하며, 큰 서원의 힘으로 법을 설함이 다함이 없었다.

두려운 바 없는 큰 사자후로 항상 의지할 곳이 없는 법을 관찰하기 좋아하며, 깨끗한 법의 눈으로 일체를 널리 관하며, 깨끗한 지혜의 달로 세간이 이루어지고 무너짐을 비추며, 지혜의 빛으로 진실한 진리를 비추었다.

복덕과 지혜는 금강산과 같아서 일체 비유로 미칠 수 없는 바이며, 모든 법을 잘 관하여 지혜의 뿌리가 증장하며, 용맹하게 정진하여 온갖 마를 꺾어 굴복시키며, 한량없는 지혜는 위엄과 광채가 치성하였다.

그 몸이 일체 세간에서 벗어났으며, 일체 법에 걸림 없는 지혜를 얻어 다함과 다함없는 경계를 잘 능히 깨달아 알며, 넓은 경계에 머물러 진실한 경계에 들어가며, 형상 없음을 관하는 지혜가 항상 앞에 나타났다.

교묘하게 모든 보살행을 성취하며, 둘이 없는 지혜로 모든 경계를 알며, 일체 세간의 모든 갈래를 널리 보며,

일체 모든 부처님의 국토에 두루 가며, 지혜 등불이 원만하여 일체 법에 모든 어두움의 장애가 없었다.

깨끗한 법의 광명을 놓아 시방세계를 비추며, 모든 세간의 진실한 복밭이 되어 보고 들음에 원하는 바가 다 만족하며, 복덕이 높고 커서 모든 세간에서 뛰어나며, 용맹하고 두려움이 없어 모든 외도들을 꺾으며, 미묘한 음성을 펴서 일체 세계에 두루 하였다.

널리 모든 부처님을 친견하되 마음

이 만족해 싫어함이 없으며, 부처님 법의 몸에 이미 자재함을 얻었으며, 마땅히 교화할 바를 따라 몸을 나타내며, 한 몸이 일체 부처님 세계에 가득하였다.

　이미 자재하여 청정한 신통을 얻었으며, 큰 지혜의 배를 타고 가는 바에 걸림이 없으며, 지혜가 원만하여 법계에 두루하니, 비유하면 해가 떠서 세간을 널리 비추는 것과 같다.

　중생의 마음을 따라 그 색상을 나타내며, 모든 중생들의 근성과 욕락을 알며, 일체 법이 다름 없는 경계에 들어가며, 모든 법의 성품이 남도 없고 일어남도 없음을 알며, 능히 크고 작은 것이 자재하여 서로 들어가게 하였다.

부처님 지위의 매우 깊은 뜻을 분명히 알며, 다함없는 글귀로 매우 깊은 이치를 말하며, 한 구절 가운데 일체 수다라바다를 연설하며, 큰 지혜의 다라니 몸을 얻어 무릇 받아 지닌 바를 영원히 잊지 않으며, 한 생각에 한량없는 겁의 일을 능히 기억하였다.

 한 생각에 삼세 일체 모든 중생들의 지혜를 다 알며, 항상 일체 다라니문으로 가없는 모든 부처님의 법바다를 연설하며, 물러나지 않는 청정한 법륜을 항상 굴리어 모든 중생들이 다 지혜를 내게 하였다.

 부처님 경계의 지혜 광명을 얻어서 잘 보는 매우 깊은 삼매에 들어가며, 일체 법의 장애 없는 경계에 들어가며, 일체 법에 수승한 지혜가 자재하며, 일체 경계를 청정하게 장엄하며,

시방의 일체 법계에 널리 들어가 그 방소를 따라서 다 이르지 않음이 없었다.

낱낱 티끌 속에 바른 깨달음 이룸을 나타내며, 색의 성품이 없는 데서 일체 색을 나타내며, 일체 방위로 한 방위에 널리 들어갔다.

그 모든 보살들이 이와 같은 등의 가없는 복과 지혜의 공덕 창고를 갖추어 항상 모든 부처님께서 칭찬하시는 바가 되니, 갖가지 말로 그 공덕을 설하여도 다하게 할 수 없었다.

모두 서다림 가운데 있으면서 여래 공덕의 큰 바다에 깊이 들어가서 부처님의 광명이 비치는 것을 모두 보지 않음이 없었다.

이때에 모든 보살들이 부사의한 바른 법의 광명을 얻어서 마음이 크게 환희하여, 각각 그 몸과 그리고 누각의 모든 장엄거리와 그 앉은 바 사자좌와 서다림에 두루한 일체 물상 중에 갖가지 큰 장엄구름을 변화하여 나타내어 일체 시방 법계에 충만하였다.

　이른바 생각생각 중에 큰 광명구름을 놓아 시방에 가득하여 모두 일체 중생을 능히 깨우치며, 일체 마니보배 풍경구름을 내어 시방에 가득하여 미묘한 음성을 내어서 삼세 모든 부처님의 일체 공덕을 칭찬하였다.

　일체 음악구름을 내어 시방에 가득하여 소리 중에 일체 중생의 모든 업과 과보를 연설하며, 일체 보살의 갖가지 원행의 색상구름을 내어 시방에 가득하여 모든 보살들이 가진 큰 서원을 설하였다.

 일체 여래의 자재하신 변화하는 구름을 내어 시방에 가득하여 일체 모든 부처님 여래의 말씀과 음성을 펴내며, 일체 보살의 상호로 장엄한 몸구름을 내어 시방에 가득하여 모든 여래의 일체 국토에 출현하시던 차례를 설하였다.

 삼세 여래의 도량구름을 내어 시방에 가득하여 일체 여래께서 평등하고 바른 깨달음을 이루시는 공덕 장엄을 나타내며, 일체 용왕구름을 내어 시방에 가득하여 일체 모든 향을 비내렸다.

일체 세주의 몸구름을 내어 시방에 가득하여 보현 보살의 행을 연설하며, 일체 보배로 장엄한 청정한 부처님 세계구름을 내어 시방에 가득하여 일체 여래의 바른 법륜 굴리심을 나타내었다.

이 모든 보살들이 부사의한 법의 광명을 얻은 까닭으로 법이 응당 이와 같아서, 이러한 등의 말할 수 없는 부처님 세계 미진수의 큰 신통 변화로 장엄한 구름을 일으켰다.

　이때에 문수사리 보살이 부처님의 위신력을 받들어 이 서다림 속의 모든 신통 변화한 일을 거듭 펴려고, 시방을 관찰하고 게송을 설하여 말씀하였다.

　그대들은 마땅히
　이 서다림을 살펴보라,
　부처님 위신력으로
　넓고 끝이 없으며

일체 장엄을
다 나타내 보여
시방 법계에
모두 충만하도다.

시방의 일체
모든 국토의
가없는 품류의
큰 장엄이
그 자리 등의
경계 가운데
색상으로

분명히 다 나타나도다.

모든 불자들의
모공에서
갖가지 장엄한
보배 불꽃구름을 내며
여래의
미묘한 음성을 내어
시방의 일체 세계에
두루 가득하도다.

보배 나무 꽃에서

미묘한 몸을 나타내니
그 몸의 색상이
범왕과 같은지라
선정에서
일어나 거닐되
나아가고 멈추는 위의가
항상 고요하도다.

여래의
낱낱 모공 속에
항상 생각하기 어려운
변화한 몸을 나타내되

다 보현의
큰 보살과 같아서
갖가지 모든 모양으로
좋게 장엄하였도다.

서다림 위의
허공 중에서
있는 바 장엄이
미묘한 소리를 내어
삼세 모든 보살들이
성취한
일체 공덕바다를

널리 설하도다.

서다림 가운데
모든 보배 나무가
또한 한량없이
미묘한 음성을 내어
일체 모든 군생들의
갖가지 업바다가
각각 차별함을
연설하도다.

서다림 가운데 있는

온갖 경계가
삼세 모든 여래를
다 나타내어
낱낱이
모두 큰 신통을 일으킴이
시방의 세계바다
미진수로다.

시방에 있는
모든 국토의
일체 세계바다의
미진수가

여래의 모공 속에
모두 들어가서
차례로 장엄함을
다 환하게 보도다.

있는 바 장엄에서
다 부처님을 나타내되
중생과 같은 수효로
세간에 두루하여
낱낱이
다 큰 광명을 놓아서
갖가지로 마땅함을 따라

중생을 교화하도다.

향 불꽃과 온갖 꽃과
보배 창고와
일체 장엄된
수승하고 미묘한 구름이
광대하여 허공과
같지 아니함이 없어서
시방 모든 국토에
두루 가득하도다.

시방 삼세

일체 부처님의
있는 바 장엄한
미묘한 도량
이 동산의
서다림 경계 가운데
낱낱 색상들이
다 밝게 나타나도다.

일체 보현과
모든 불자들의
백천 겁바다에
장엄한 세계가

그 수효가 한량없어
중생과 같음을
이 서다림 속에서
보지 않음이 없도다.

그때에 저 모든 보살들이 부처님의 삼매 광명이 비친 까닭으로 즉시 이와 같은 삼매에 들어갔으며, 낱낱이 말할 수 없는 부처님 세계 미진수의 대비의 문을 다 얻어서 일체 중생을 이익하고 안락하게 하였다.

그 몸의 낱낱 모공에서 다 말할 수 없는 부처님 세계 미진수의 광명을 내며, 낱낱 광명에서 다 말할 수 없는 부처님 세계 미진수의 보살들을 변화하여 나타내었다.

그 몸의 형상은 세간의 모든 주인과 같으며, 일체 중생의 앞에 널리 나타나서 시방 법계에 두루두루 가득하여 갖가지 방편으로 교화하고 조복하였다.

혹은 말할 수 없는 부처님 세계 미

진수의 모든 하늘 궁전의 무상한 문을 나타내며, 혹은 말할 수 없는 부처님 세계 미진수의 일체 중생의 태어나는 문을 나타내며, 혹은 말할 수 없는 부처님 세계 미진수의 일체 보살의 수행하는 문을 나타내며, 혹은 말할 수 없는 부처님 세계 미진수의 꿈 경계의 문을 나타내었다.

혹은 말할 수 없는 부처님 세계 미진수의 보살의 큰 서원의 문을 나타내며, 혹은 말할 수 없는 부처님 세계 미진수의 세계를 진동하는 문을 나타내며, 혹은 말할 수 없는 부처님 세계 미진수의 세계를 분별하는 문을 나타내며, 혹은 말할 수 없는 부처님 세계 미진수의 세계가 현재 생기는 문을 나타내었다.

혹은 말할 수 없는 부처님 세계 미진수의 보시바라밀 문을 나타내며, 혹은 말할 수 없는 부처님 세계 미진수의 일체 여래께서 모든 공덕의 갖가지 고행을 닦으시는 지계바라밀 문을 나타내었다.

혹은 말할 수 없는 부처님 세계 미진수의 사지와 몸을 도려내는 인욕바라밀 문을 나타내며, 혹은 말할 수 없는 부처님 세계 미진수의 부지런히 닦는 정진바라밀 문을 나타내었다.

혹은 말할 수 없는 부처님 세계 미진수의 일체 보살이 모든 삼매를 닦는 선정 해탈문을 나타내며, 혹은 말할 수 없는 부처님 세계 미진수의 부처님의 도가 원만한 지혜의 광명 문을 나타내었다.

혹은 말할 수 없는 부처님 세계 미

진수의 부처님 법을 부지런히 구함에 한 문장과 한 글귀를 위하는 까닭으로 수없는 몸과 목숨을 버리는 문을 나타내며, 혹은 말할 수 없는 부처님 세계 미진수의 일체 부처님을 친근하여 일체 법을 묻되 마음에 피로해하거나 싫어함이 없는 문을 나타내었다.

혹은 말할 수 없는 부처님 세계 미진수의 모든 중생들의 시절과 욕락을 따라 그곳에 나아가서 방편으로 성숙시켜 일체 지혜바다의 광명에 머무르게 하는 문을 나타내며, 혹은 말할 수 없는 부처님 세계 미진수의 온갖 마를 항복 받고 모든 외도들을 제어하여 보살의 복과 지혜의 힘을 드러내는 문을 나타내었다.

혹은 말할 수 없는 부처님 세계 미진수의 일체 기술을 아는 밝은 지혜의 문을 나타내며, 혹은 말할 수 없는 부처님 세계 미진수의 일체 중생의 차별을 아는 밝은 지혜의 문을 나타내었다.

혹은 말할 수 없는 부처님 세계 미

진수의 일체 법의 차별을 아는 밝은 지혜의 문을 나타내며, 혹은 말할 수 없는 부처님 세계 미진수의 일체 중생의 마음에 좋아함의 차별을 아는 밝은 지혜의 문을 나타내었다.

혹은 말할 수 없는 부처님 세계 미진수의 일체 중생의 근성과 행동과 번뇌와 습기를 아는 밝은 지혜의 문을 나타내며, 혹은 말할 수 없는 부처님 세계 미진수의 일체 중생의 갖가지 업을 아는 밝은 지혜의 문을 나타내며, 혹은 말할 수 없는 부처님 세계 미진수의 일체 중생을 깨우치는 문을 나타내었다.

이와 같은 등 말할 수 없는 부처님 세계 미진수의 방편문으로 일체 중생이 머무르는 곳에 나아가서 그들을 성숙하게 한다.

이른바 혹은 천궁에 가며, 혹은 용궁에 가며, 혹은 야차와 건달바와 아수라와 가루라와 긴나라와 마후라가의 궁에 가며, 혹은 범왕궁에 가며, 혹은 인간 왕의 궁에 가며, 혹은 염라왕의 궁에 가며, 혹은 축생과 아귀와 지옥의 머무르는 곳에 간다.

평등한 대비와 평등한 대원과 평등한 지혜와 평등한 방편으로 모든 중생들을 거둔다.

혹은 보고 나서 조복되는 자가 있고, 혹은 듣고 나서 조복되는 자가 있고, 혹은 생각하고 조복되는 자가 있고, 혹은 음성을 듣고 조복되는 자이며, 혹은 이름을 듣고 조복되는 자이며, 혹은 둥근 광명을 보고 조복되는 자이며, 혹은 광명 그물을 보고 조복되는 자이다.

　모든 중생들의 마음에 좋아하는 바를 따라 그들의 처소에 다 나아가서 그들이 이익을 얻게 한다.

"불자들이여, 이 서다림의 일체 보살이 모든 중생들을 성숙시키려는 까닭으로 혹 어떤 때에는 갖가지로 장엄하게 꾸민 모든 궁전 가운데 머무름을 나타내고, 혹 어떤 때에는 자신의 누각에서 보배 사자좌에 머물러 도량에 모인 대중들에게 함께 들러싸인 바로 시방에 두루하여 다 보게 함을 나타내 보이지만, 그러나 또한 이 서다림 여래의 처소를 여의지 아니한다.

불자들이여, 이 모든 보살들이 혹 어떤 때에는 한량없는 화신구름을 나타내 보이며, 혹은 그 몸이 홀로 짝이 없음을 나타내 보인다.

이른바 혹 사문의 몸을 나타내며, 혹 바라문의 몸을 나타내며, 혹 고행하는 몸을 나타내며, 혹 충실하고 왕성한 몸을 나타낸다.

혹 의왕의 몸을 나타내며, 혹 장사하는 주인의 몸을 나타내며, 혹 깨끗이 생활하는 몸을 나타내며, 혹 기악하는 몸을 나타내며, 혹 모든 천신들을 받들어 섬기는 몸을 나타내며, 혹 공교한 기술자의 몸을 나타낸다.

일체 시골과 도시와 수도와 마을의 모든 중생들의 처소에 나아가서 그 마땅한 바를 따라, 갖가지 형상과 갖가지 위의와 갖가지 음성과 갖가지 언론과 갖가지 머무르는 곳으로 일체 세간에서 마치 제석천의 그물과 같이 하여 보살행을 행한다.

혹은 일체 세간의 공교한 사업을 설하며, 혹은 일체 지혜로 세상을 비추는 밝은 등불을 설하며, 혹은 일체 중생의 업력으로 장엄하는 것을 설하며, 혹은 시방 국토에서 모든 탈 것을 세우는 지위를 설하며, 혹은 지혜 등불이 비추는 바 일체 법의 경계를 설한다.

일체 중생을 교화하여 성취하되 또한 이 서다림 여래의 처소를 여의지 아니한다."

그때에 문수사리 동자가 선주누각으로부터 나와서 한량없는 함께 수행하는 보살들과, 그리고 항상 따르고 시위하는 모든 금강신들과, 널리 중생들을 위하여 모든 부처님께 공양올리는 모든 신중신들과, 오랫동안 견고한 서원을 내어 항상 따르는 모든 족행신들과, 미묘한 법을 듣기 즐겨하는 주지신들과, 항상 대비를 닦는 주수신들과, 지혜 빛으로 밝게 비추는 주화신들과, 마니로 관을 한 주풍신들과, 시방의 일체 의식을 밝게 단련하는 주방신들과, 무명의 어둠을 오로지 부지런히 멸하여 없애는 주야신들과, 일심으로 부처님 해를 게으르지 않고 밝히는 주주신들과, 법계의 일체 허공을 장엄하는 주공신들과, 널리 중생들을 제도하여 모든 존재바다를 벗어나게 하는 주해신들과, 일체지에 나아가는 도를 돕는 선근을 항상 부지런히 쌓아 모으는 높고 큰 산과 같은 주산신들과, 일체 중생의 보리심의 성을 항상 부지런히 수호하는 주성신들과, 일체

지의 지혜와 위없는 법의 성을 항상 부지런히 수호하는 모든 큰 용왕들과, 일체 중생을 항상 부지런히 수호하는 모든 야차왕들과, 항상 중생들이 환희를 증장하게 하는 건달바왕들과, 모든 아귀의 길을 항상 부지런히 멸하여 없애는 구반다왕들과, 일체 중생을 구제하여 모든 존재바다에서 벗어나기를 항상 서원하는 가루라왕들과, 모든 여래의 몸을 성취하여 세간에서 벗어나기를 원하는 아수라왕들과, 부처님을 친견하고 환희하여 몸을 굽혀 공경하는 마후라가왕들과, 생사를 항상 싫어하고 부처님 친견하기를 항상 좋아하는 모든 큰 천왕들과, 부처님을 존중하고 찬탄하며 공양올리는 모든 큰 범왕들과 함께하였다.

문수사리가 이와 같은 등의 공덕으로 장엄한 모든 보살대중들과, 머무르던 곳에서 나와 부처님 처소에 나아가 세존을 오른쪽으로 한량없이 돌며 모든 공양거리로써 갖가지로 공양올렸다.

공양올리기를 마치고는 하직하고 물러나 남쪽으로 가서 인간 세계로 갔다.

그때에 사리불 존자가 부처님의 위신력을 받들어 문수사리 보살이 모든 보살 대중모임과 더불어 장엄하고 서다림에서 나와 남방으로 가서 인간에 유행하는 것을 보고 이와 같은 생각을 하였다. '나도 지금 곧 문수사리와 함께 남방으로 가리라.'

그때에 존자 사리불이 육천 비구들

과 더불어 앞뒤로 둘러싸고 머무르던 곳에서 나와 부처님 처소에 나아가 부처님 발에 정례하고 세존께 갖추어 말씀드리니, 세존께서 듣고 허락하시므로 오른쪽으로 세 번 돌고 하직하고 물러나 문수사리의 처소로 갔다.

이 육천 비구들은 사리불과 스스로 함께 머물렀던 이들로, 출가한 지 오래되지 않았다.

이른바 해각 비구와 선생 비구와 복광 비구와 대동자 비구와 전생 비구와 정행 비구와 천덕 비구와 군혜 비구와 법승 비구와 적혜 비구이다. 이와 같은 등 그 수가 육천이었다.

　모두 일찍이 한량없는 모든 부처님께 공양올려서, 선근을 깊이 심어 이해하는 힘이 광대하며, 믿음의 눈이 밝게 사무치며, 그 마음이 너그럽고 넓으며, 부처님의 경계를 관찰하며, 법의 본성품을 알며, 중생들을 요익하게 하며, 항상 즐거이 모든 부처님의 공덕을 부지런히 구하니, 모두 문수사리가 법을 설하여 교화하고 성취시킨 이들이었다.

이때에 사리불 존자가 길을 가던 중에 모든 비구들을 살펴보고 해각에게 말하였다.

"해각이여, 그대는 문수사리 보살의 청정한 몸의 상호 장엄을 일체 천신이나 사람들이 생각하여 헤아릴 수 없음을 살펴보라.

그대는 문수사리의 원만한 광명이 사무쳐 비치어 한량없는 중생들에게 환희심을 내게 함을 살펴보라.

그대는 문수사리의 광명 그물 장엄이 중생들의 한량없는 고뇌를 멸하여 없앰을 살펴보라.

그대는 문수사리의 대중모임이 구족함은 다 보살이 지난 옛적의 선근으로 거두어 준 것임을 살펴보라.

그대는 문수사리의 다니는 길에 좌우로 여덟 걸음씩 평탄하게 장엄되었음을 살펴보라.

그대는 문수사리의 머무르는 처소에는 시방에 두루하게 항상 있는 도량이 따라서 움직임을 살펴보라.

그대는 문수사리의 다니는 길이 한량없는 복덕의 장엄을 구족하여 좌우 양쪽에 큰 물힌 창고가 있어서 갖가지 진귀한 보배가 저절로 나옴을 살펴보라.

그대는 문수사리가 일찍이 부처님께 공양올린 선근에서 흘러나온 바로 일체 나무 사이에서 장엄한 창고를 냄을 살펴보라.

그대는 문수사리에게 모든 세간의 주인들이 공양거리구름을 비내리고 정례하며 공경하고 공양올림을 살펴보라.

그대는 문수사리에게 시방의 일체 모든 부처님 여래께서 장차 법을 설하시려 할 때에 다 미간의 백호상 광명을 놓으시어, 와서 그 몸을 비추고 정수리로 들어감을 살펴보라."

그때에 존자 사리불이 모든 비구들을 위하여, 문수사리 동자의 이와 같은 등 한량없는 공덕으로 구족하게 장엄하였음을 칭찬하며 열어 보이고 연설하였다.

그 모든 비구들이 이 말씀을 듣고

는 마음이 청정하며, 믿고 이해함이 견고하며, 기쁨을 스스로 지니지 못하여 온몸으로 뛰놀며, 형체가 부드럽고 모든 근이 즐거우며, 근심과 괴로움은 모두 없어지고 더러움과 장애가 모두 다하였다.

모든 부처님을 항상 친견하고 바른 법을 깊이 구하며, 보살의 근기를 갖추고 보살의 힘을 얻었다.

대비와 대원이 다 저절로 출생하며, 모든 바라밀의 매우 깊은 경계에 들어가며, 시방의 부처님바다가 항상 앞에 나타났다.

　일체지에 깊이 믿고 좋아함을 내어서 곧 사리불 존자에게 말씀드리기를 "오직 원하오니, 대사께서는 장차 우리들을 이끌어 저 수승한 분의 처소에 나아가게 하소서."라고 하였다.

　그때에 사리불이 곧 함께 가서 그 처소에 이르러 말씀드렸다.

　"어지신 이여, 이 모든 비구들이 받들어 뵙기를 원합니다."

　그때에 문수사리 동자가 한량없

는 자재한 보살들에게 둘러싸여서 그 대중들과 함께 마치 코끼리왕이 돌아보듯이 모든 비구들을 살펴보았다.

이때에 모든 비구들이 그의 발에 정례하고 합장하며 공경하여 이와 같이 말하였다.

"저희들이 지금 받들어 뵙고 공경하고 예배하며 그 밖의 있는 바 일체 선근을, 어지신 이 문수사리와 화상이신 사리불과 석가모니 세존께서 모두 다 증명하여 아시기를 오직 원합니다.

 어지신 이께서 지니신 바 이와 같은 색신과 이와 같은 음성과 이와 같은 상호와 이와 같은 자재하심과 같이, 저희들이 일체를 모두 마땅히 갖추어 얻기를 원합니다."

 이때에 문수사리 보살이 모든 비구들에게 말씀하였다.

 "비구들이여, 만약 선남자와 선여인이 열 가지 대승으로 나아가는 법을 성취하면 곧 능히 여래의 지위에 빨리 들어갈 것인데, 하물며 보살의 지위이겠는가?

무엇이 열인가?

이른바 일체 선근을 쌓아 모으되 마음이 피로해하거나 싫어하지 않으며, 일체 부처님을 친견하고 받들어 섬기고 공양올리되 마음이 피로해하거나 싫어하지 않으며, 일체 부처님의 법을 구하되 마음이 피로해하거나 싫어하지 않는다.

일체 바라밀을 행하되 마음이 피로해하거나 싫어하지 않으며, 일체 보살의 삼매를 성취하되 마음이 피로해하거나 싫어하지 않으며, 일체 삼세에 차례로 들어가되 마음이 피로해하거나 싫어하지 않는다.

시방의 부처님 세계를 널리 깨끗이 장엄하되 마음이 피로해하거나 싫어하지 않으며, 일체 중생을 교화하고 조복하되 마음이 피로해하거나 싫어하지 않으며, 일체 세계 일체 겁 중에 보살행을 성취하되 마음이 피로해하거나 싫어하지 않는다.

한 중생을 성숙케 하기 위한 까닭으로 일체 부처님 세계 미진수의 바라밀을 수행하여 여래의 열 가지 힘을 성취하며, 이와 같이 차례로 일체 중생계를 성숙케 하기 위하여 여래의 일체 힘을 성취하되 마음이 피로해하거나 싫어하지 않는다.

비구들이여, 만약 선남자와 선여인이 깊은 믿음을 성취하고 이 열 가지 피로해하거나 싫어하지 않는 마음을 내면, 곧 능히 일체 선근을 기르며, 일체 모든 생사의 길을 버려 여의며, 일체 세간의 종성을 초월하며, 성문과 벽지불의 지위에 떨어지지 않는

다.

 일체 여래가에 태어나며, 일체 보살의 원을 갖추며, 일체 여래의 공덕을 배우고 익히며, 일체 보살의 모든 행을 닦아 익히며, 여래의 힘을 얻어서 온갖 마와 모든 외도들을 꺾어 굴복시키며, 또한 능히 일체 번뇌를 멸하여 없애고 보살의 지위에 들어가서 여래의 지위에 가까워질 것이다."

 이때에 모든 비구들이 이 법을 듣고는 곧 삼매를 얻으니, 이름이 '걸림 없는 눈으로 일체 부처님의 경계를 봄'이다.

　이 삼매를 얻은 까닭으로 시방의 한량없고 가없는 일체 세계의 모든 부처님 여래와 그 있는 바 도량의 대중모임을 모두 보며, 또한 그 시방세계의 일체 모든 갈래에 있는 중생들도 모두 보았다.

　또한 그 일체 세계의 갖가지 차별을 모두 보며, 또한 그 일체 세계에 있는 미진을 모두 보며, 또한 그 모든 세계 가운데 일체 중생의 머무르는 바 궁전이 갖가지 보배로 장엄되었음을 모두 보았다.

그리고 또한 그 모든 부처님 여래께서 갖가지 말로 모든 법을 연설하심을 듣고 말씀과 해석하심을 모두 다 분명히 알며, 또한 그 세계 가운데 일체 중생의 모든 근과 마음의 욕망을 능히 관찰하였다.

또한 그 세계 가운데 일체 중생의 전후로 열 번 태어남을 능히 기억하며, 또한 그 세계 가운데 과거와 미래의 각각 열 겁의 일을 능히 기억하였다.

또한 그 모든 여래의 열 번 본래 생의 일과, 열 번 바른 깨달음을 이루심과, 열 번 법륜을 굴리심과, 열 가지 신통과, 열 가지 설법과, 열 가지 가르침과, 열 가지 변재를 능히 기억하였다.

또 곧 십천의 보리심과 십천의 삼매와 십천의 바라밀을 성취하여 모두 다 청정하여 큰 지혜의 원만한 광명을 얻었다. 보살의 열 신통을 얻어 부드럽고 미묘하며, 보리심에 머물러 견고하여 흔들리지 아니하였다.

이때에 문수사리 보살이 모든 비구들에게 권하여 보현의 행에 머무르게 하였다. 보현의 행에 머무르고는 큰 서원바다에 들어가며, 큰 서원바다에 들어가서는 큰 서원바다를 성취하였다.

큰 서원바다를 성취한 까닭으로 마음이 청정하며, 마음이 청정한 까닭으로 몸이 청정하며, 몸이 청정한 까닭으로 몸이 경쾌하며, 몸이 청정하고 경쾌한 까닭으로 큰 신통을 얻어 퇴전함이 없었다.

이 신통을 얻은 까닭으로 문수사리의 발 아래를 여의지 아니하고, 널리 시방의 일체 부처님 처소에 그 몸을 모두 나타내어 일체 부처님 법을 구족히 성취하였다.

〈대방광불화엄경 제61권〉

회향송

아차보현수승행
무변승복개회향
보원침익제중생
속왕무량광불찰

시방삼세일체불
제존보살마하살
마하반야바라밀

廻向頌

我此普賢殊勝行
無邊勝福皆迴向
普願沈溺諸眾生
速往無量光佛剎

十方三世一切佛
諸尊菩薩摩訶薩
摩訶般若波羅蜜

大方廣佛華嚴經

부록

- 대방광불화엄경 목차

- 간행사

대방광불화엄경
목차

〈제1회〉

제1권　제1품　세주묘엄품 [1]

제2권　제1품　세주묘엄품 [2]

제3권　제1품　세주묘엄품 [3]

제4권　제1품　세주묘엄품 [4]

제5권　제1품　세주묘엄품 [5]

제6권　제2품　여래현상품

제7권　제3품　보현삼매품
　　　　제4품　세계성취품

제8권　제5품　화장세계품 [1]

제9권　제5품　화장세계품 [2]

제10권　제5품　화장세계품 [3]

제11권　제6품　비로자나품

〈제2회〉

제12권　제7품　여래명호품
　　　　제8품　사성제품

제13권　제9품　광명각품
　　　　제10품　보살문명품

제14권　제11품　정행품
　　　　제12품　현수품 [1]

제15권　제12품　현수품 [2]

〈제3회〉

제16권　제13품　승수미산정품
　　　　제14품　수미정상게찬품
　　　　제15품　십주품

제17권　제16품　범행품
　　　　제17품　초발심공덕품

제18권　제18품　명법품

〈제4회〉

제19권 제19품 승야마천궁품

　　　　제20품 야마궁중게찬품

　　　　제21품 십행품 [1]

제20권 제21품 십행품 [2]

제21권 제22품 십무진장품

〈제5회〉

제22권 제23품 승도솔천궁품

제23권 제24품 도솔궁중게찬품

　　　　제25품 십회향품 [1]

제24권 제25품 십회향품 [2]

제25권 제25품 십회향품 [3]

제26권 제25품 십회향품 [4]

제27권 제25품 십회향품 [5]

제28권 제25품 십회향품 [6]

제29권 제25품 십회향품 [7]

제30권 제25품 십회향품 [8]

제31권 제25품 십회향품 [9]

제32권 제25품 십회향품 [10]

제33권 제25품 십회향품 [11]

〈제6회〉

제34권 제26품 십지품 [1]

제35권 제26품 십지품 [2]

제36권 제26품 십지품 [3]

제37권 제26품 십지품 [4]

제38권 제26품 십지품 [5]

제39권 제26품 십지품 [6]

〈제7회〉

제40권 제27품 십정품 [1]

제41권 제27품 십정품 [2]

제42권 제27품 십정품 [3]

제43권 제27품 십정품 [4]

제44권 제28품 십통품

　　　　제29품 십인품

제45권 제30품 아승지품

　　　　제31품 수량품

　　　　제32품 제보살주처품

제46권 제33품 불부사의법품 [1]

제47권 제33품 불부사의법품 [2]

제48권　제34품　여래십신상해품

　　　　제35품　여래수호광명공덕품

제49권　제36품　보현행품

제50권　제37품　여래출현품 [1]

제51권　제37품　여래출현품 [2]

제52권　제37품　여래출현품 [3]

〈제8회〉

제53권　제38품　이세간품 [1]

제54권　제38품　이세간품 [2]

제55권　제38품　이세간품 [3]

제56권　제38품　이세간품 [4]

제57권　제38품　이세간품 [5]

제58권　제38품　이세간품 [6]

제59권　제38품　이세간품 [7]

〈제9회〉

제60권　제39품　입법계품 [1]

제61권　제39품　입법계품 [2]

제62권　제39품　입법계품 [3]

제63권　제39품　입법계품 [4]

제64권　제39품　입법계품 [5]

제65권　제39품　입법계품 [6]

제66권　제39품　입법계품 [7]

제67권　제39품　입법계품 [8]

제68권　제39품　입법계품 [9]

제69권　제39품　입법계품 [10]

제70권　제39품　입법계품 [11]

제71권　제39품　입법계품 [12]

제72권　제39품　입법계품 [13]

제73권　제39품　입법계품 [14]

제74권　제39품　입법계품 [15]

제75권　제39품　입법계품 [16]

제76권　제39품　입법계품 [17]

제77권　제39품　입법계품 [18]

제78권　제39품　입법계품 [19]

제79권　제39품　입법계품 [20]

제80권　제39품　입법계품 [21]

간행사

  귀의삼보 하옵고,

『대방광불화엄경』의 수지 독송과 유통을 발원하면서 수미정사 불전연구원에서 『독송본 한문·한글역 대방광불화엄경』과 『사경본 한글역 대방광불화엄경』을 편찬하여 간행하게 되었습니다.

『화엄경』은 우리나라에 전래된 이래 일찍부터 사경되고 주석·강설되어 왔으며 근현대에 이르러서는 『화엄경』의 한글 번역과 연구도 부쩍 많이 이루어졌습니다. 그만큼 『화엄경』이 우리 불자님들의 신행과 해탈에 큰 의지처가 되었던 것임을 알 수 있습니다.

『화엄경』을 독송하고 사경하는 공덕은 설법 공덕과 함께 크게 강조되어 왔습니다. 그리하여 수미정사 불전연구원에서도 『화엄경』(80권)을 독송하고 사경하는 데 도움이 되도록 한문 원문과 한글역을 함께 수록한 독송본과 한글역의 사경본 『화엄경』 간행불사를 발원하였습니다. 이 『화엄경』 간행불사에 뜻을 같이하여 적극 후원해주신 스님들과 재가 불자님들께 깊이 감사드립니다. 또한 『화엄경』을 수지 독송할 수 있도록 경책의 모습으로 장엄해 주신 편집위원들과 담앤북스 출판사 관계자들께도 고마움을 표합니다.

  끝으로 이 불사의 원만 회향으로 『화엄경』이 널리 유통되고, 온 법계에 부처님의 가피가 충만하시길 기원드립니다.

  나무 대방광불화엄경

불기 2564년 '부처님오신날'을 봉축하며
수미해주 합장

위태천신(동진보살)

수미해주 須彌海住

호거산 운문사에서 성관 스님을 은사로 출가, 석암 대화상을 계사로 사미니계 수계, 월하 전계사를 계사로 비구니계 수계, 계룡산 동학사 전문강원 졸업, 동국대학교 불교대학 및 동 대학원 졸업, 철학박사, 가산지관 대종사에게서 전강, 동국대학교 불교대학 교수, 동학승가대학 학장 및 화엄학림 학림장, 중앙승가대학교 법인이사 역임.
(현) 수미정사 주지, 동국대학교 명예교수.
저·역서로 『의상화엄사상사연구』, 『화엄의 세계』, 『정선 원효』, 『정선 화엄 1』, 『정선 지눌』, 『법계도기총수록』, 『해주스님의 법성게 강설』 등 다수.

사경본 한글역
대방광불화엄경 제61권

| **초판 1쇄 발행**_ 2025년 10월 24일

| **엮 은 이**_ 수미해주
| **엮 은 곳**_ 수미정사 불전연구원
| **편집위원**_ 해주 수정 경진 선초 정천 석도 박보람 최원섭
| **편 집 보**_ 무이 무진 지욱 혜명

| **펴 낸 이**_ 오세룡
| **펴 낸 곳**_ 담앤북스
　　　　　　서울특별시 종로구 새문안로3길 23 경희궁의 아침 4단지 805호
　　　　　　대표전화 02)765-1251 전자우편 dhamenbooks@naver.com
　　　　　　출판등록 제300-2011-115호
| **ISBN**_ 979-11-6201-570-4 04220

이 책은 저작권 법에 따라 보호받는 저작물이므로 무단전재와 복제를 금합니다.
이 책 내용의 전부 또는 일부를 이용하려면 반드시 저작권자와 담앤북스의 서면 동의를 받아야 합니다.

정가 10,000원
ⓒ 수미해주 2025